with Emily

Written and illustrated by Ariana Gonzalez

Copyright 2024 Ariana Gonzalez
All rights reserved.

No part of this book may be used or reproduced in any manner without permission from the author.

This book is available for purchase online at Amazon under ISBN 979-8-342-89639-9.

Buenas noches, Tito.

1

My name is Emily.
I don't have any brothers or sisters.

Dirá que ya es hora de dormir.

I can't play with mommy or daddy. They're always so busy talking they don't even hear me.

Ya sé lo que dirá mama.

3

I had a friend...

Tito, parece que ya anocheció.

it would be a little white elephant.
I would call him Tiny.

Esta noche me pondré mis pijamas de lunares. ¡Son mis pijamas favoritas!

Tiny would be with me all the time. He would never leave my side and he would want to be just like me.

Antes de vestirnos nos tenemos que secar.

Tiny would love me very much.
He would be my best friend.

¡Emilia! Se acabo el baño.
Ya es hora de salir.

7

Emilia, why do you always look so messy?
I'm going to make you a bath.

La parte más divertida de tomar un baño es que ya que estemos limpios ¡viene la hora de jugar!

A bath? I love taking baths!
Don't worry, Tiny. Baths are so much fun!
You'll see.

Y que no se nos olvide lavarnos el pelo.
¡Si es que aún tienes!

First mommy will add the bubble bath.
That way when she turns on the water
the bathtub will fill with bubbles!

Que no se nos olvide la parte de tallarnos. Especialmente de tras de las orejas. Así nos aseguramos que quedaremos muy limpios.

Before we get into the bathtub we'll have to get undressed. We don't want our clothes to get wet.

¡Uf!

The best thing about taking a bath is playing with the bubbles. No, Tiny! Don't eat them!

Lo que más me gusta de bañarme
es jugar con las burbujas.
¡No, Tito! ¡No te las comas!

12

Puff!

Antes de entrar a la tina nos tenemos que desvestir.
Así la ropa no se nos mojará.

Let's not forget to wash. Especially behind our ears. That way we know we'll be nice and clean.

Por empezar mama usará un jabón espumoso. Así se llenará de burbujas la tina cuando se llene de agua.

And don't forget to shampoo your hair...
If you have any!

¿Es hora del baño?
¡Me encantan los baños! No temas, Tito.
Los baños son muy divertidos. Vas a ver.

The funnest part of taking a bath is that when you're all done washing, you get to play!

¡Emilia! ¿Porque siempre te ves tan sucia?
Te voy a preparar un baño.

Emilia, bath time is over.
Time to come out.

Tito me querría mucho.
El sería mi mejor amigo.

Now before we get dressed,
we'll have to dry ourselves.

Tito andaría conmigo todo el tiempo.
Siempre estaría a mi lado y
haría todo igual como yo.

Tonight I'll wear my poka-dot pajamas.
They're my favorite!

sería un elefante blanquito y chiquito.
Lo llamaría Tito.

Tiny, I think it's getting late.

3

Si yo tuviera un amigo...

I know what mommy will say.

2

No puedo jugar con mama ni con papa.
Siempre están tan ocupados
que ni me oyen.

21

She'll say it's time for bed.

1

Mi nombre es Emilia.
Yo no tengo hermos ni hermanas.

Good night, Tiny.

Hora del Baño
con Emilia

Escrito e ilustrado por Ariana González

© Ariana González 2024
Derechos de Autor

Esta prohibida la reproducción total o parcial sin la autorización previa, expresa y por escrito de su titular.

Este libro se puede comprar en línea por Amazon bajo ISBN 979-8-342-89639-9

Printed in Great Britain
by Amazon